ASSOCIATION INTERNATIONALE

DES

TRAVAILLEURS

SECTION ROUENNAISE.

DE SON ROLE DANS LES CIRCONSTANCES ACTUELLES.

ROUEN

IMPRIMERIE DE E. CAGNIARD,

Rues Jeanne-d'Arc, 88, et des Basnage, 5.

1870.

FÉDÉRATION OUVRIÈRE ROUENNAISE.

RÉUNION PUBLIQUE DU 19 NOVEMBRE 1870.

Présidence du citoyen VAUGHAN.

DISCOURS

Prononcés par les citoyens E. VAUGHAN et Emile AUBRY

CITOYENS,

Nous nous sommes inconsidérément engagés dans une voie qui n'est pas la nôtre.

Nous étions de bonne foi, notre conscience n'a rien à nous reprocher ; mais nous serions sans excuse si nous ne reprenions immédiatement notre droit chemin pour y marcher de nouveau d'un pas imperturbable.

Qu'avons-nous fait depuis deux mois ? De la politique puérile, se traduisant en protestations, adresses, manifestations dignes tout au plus de cette opposition systématique et sans but qui, malheureusement, a fait école en France.

L'empire et ses souteneurs viennent de sombrer ignominieusement.

La République, proclamée le 4 septembre, est loin, je le sais, d'être la réalisation de notre idéal ; mais elle est un premier pas fait vers lui, et, dans l'état actuel des connaissances sociales, nous ne pouvions espérer mieux.

Les hommes qui ont assumé sur eux la lourde tâche de chasser les Prussiens, doivent trouver en nous, citoyens, des collaborateurs dévoués et décidés aux plus grands sacrifices pour le salut de la France.

Leur devoir est de ne rien négliger pour assurer la défense et la délivrance de notre commune patrie.

Le nôtre, est de combattre vaillamment avec eux.

Gambetta, mal entouré, plutôt entravé que servi, accomplit seul en ce moment, une œuvre surhumaine. Montrons-nous indulgents pour des hésitations, des contradictions inévitables ; ne voyons que le but qu'il poursuit et les résultats qu'il obtient.

Ayons confiance en son patriotisme, de la sincérité duquel nous ne pouvons douter.

Tous ses efforts, depuis un mois, tendent à mettre à exécution les principales idées que nous avions d'abord émises, d'accord en cela avec toutes les autres sections de l'Internationale :

Guerre à outrance ;

Levée en masse ;

Emprunt forcé.

Que d'autres, après nous, s'attribuent à ce sujet, le mérite de l'initiative, ou s'emparent de nos idées sans en indiquer l'origine ; laissons-les faire, le principal est qu'elles soient adoptées.

Par des réclamations intempestives, par des démarches inconsidérées, nous ne ferions que rendre, sans aucun profit pour nous, le labeur de Gambetta plus pénible.

Dans une de ses dernières circulaires aux préfets, il leur indique un modèle uniforme de canon, et leur recommande de ne pas se laisser retarder par les inventeurs.

Il a raison, et ce qu'il dit à propos des canons doit s'appliquer à tout le reste.

Nous n'avons pas de temps à perdre en expériences nouvelles.

Servons-nous de ce que nous avons.

Ne cherchons pas le mieux quand le bien nous suffit.

Les jours, les heures sont comptés.

Paris attend.

Que gagnerions-nous à renverser les citoyens chargés momentanément de la direction de nos affaires ?

Nous avons, comme tout le monde, déploré la pénurie de chefs capables pour nos armées ; mais à part Cluseret, dont le Gouvernement de la Défense nationale mettra bientôt, nous en sommes convaincus, les talents et le patriotisme à l'épreuve, nous-mêmes n'en connaissions pas.

Il ne doit y avoir en ce moment que des Français combattant pour la France.

Cette lutte impie, fratricide, commencée pour assouvir l'ambition de deux scélérats, nous la continuerons jusqu'à la mort.

Et ce n'est pas pour une parcelle de territoire, pour l'économie de quelques milliards, pas plus que par une vaine gloriole militaire que nous nous battrons ainsi : ce sera pour assurer à tout jamais notre affranchissement et le triomphe de la civilisation et de l'humanité.

Allemands, que le sinistre et mystique Guillaume tient depuis si longtemps éloignés de votre patrie; vous, qui poussés par le désespoir et n'osant faire justice des monstres qui vous mènent, nous livrez une guerre dont des sauvages auraient honte, — débarrassez-vous de vos tyrans, comme vous nous avez débarrassés des nôtres, repassez nos frontières, et nous serons les premiers à vous tendre la main; sinon, attendez-vous à de terribles représailles : tout moyen de vous détruire nous sera bon et nous ne poserons les armes qu'après votre complet anéantissement.

Voilà, citoyens, quel est notre devoir.

Devoir triste, mais impérieux.

Que devient, à côté, cette opposition de détail, mesquine, niaise, à courte vue. dont je vous parlais tout à l'heure?

N'en faisons plus, citoyens, nous en avons déjà trop fait.

Gardons-nous surtout, gardons-nous bien de faire le jeu de ces ambitieux vulgaires, qui, en nous jetant dans des agitations stériles, cherchent à acquérir une influence que leur valeur personnelle ne leur vaudrait jamais.

En soutenant les intérêts de tel ou tel personnage, de telle ou telle coterie, nous ne pourrions que négliger les nôtres; c'est-à-dire, ceux des classes laborieuses et productrices, au prompt et complet affranchissement desquelles nous aspirons.

Avant d'accorder nos suffrages, demandons à celui qui les sollicite, ce qu'il a fait pour les mériter, et s'il n'a rien fait encore, ce qu'il compte faire pour s'en rendre digne.

Que nul ne soit dispensé de cet examen et nous reconnaîtrons facilement les nôtres.

On ne touche pas impunément aux grandes questions de réforme sociale; celui qui s'est consacré à leur étude doit avoir à nous présenter un programme complet et essentiellement pratique.

Aussitôt que le calme sera rendu à notre pauvre pays, nous serons appelés, ne l'oublions pas, à nommer une Constituante.

Il importe pour nous, que la Constitution qu'elle élaborera ne puisse en rien entraver notre essor.

La Constitution, c'est la pierre fondamentale de l'édifice social.

Elle partie, adieu tout.

Il ne faut dans chacun de ses termes, ni jésuitisme, ni ambiguité, ni finasserie; rien qui puisse en rendre la violation inévitable et peut-être légitime.

Il faut qu'elle ne froisse aucune liberté; qu'elle ne crée aucun privilège.

Plus d'avocats, citoyens, plus d'avocats, leur règne a trop longtemps duré.

Qui, mieux que le travailleur, pourra discuter, formuler les lois relatives à l'organisation du travail ?

Préparons-nous donc à soutenir, plus ardemment encore que par le passé, nos candidatures ouvrières et purement sociales, et laissons à tous les partis le soin de faire triompher les leurs.

Champions de la justice et de la vérité, notre révolution doit être légale et pacifique.

Remettons - nous à l'étude, que nous n'aurions pas dû abandonner, de nos chères questions de mutualisme et de solidarité.

Enseignons, prêchons sans trève la foi nouvelle.

Vulgarisons les grands principes admirablement formulés par notre immortel Proudhon, et si bien compris, développés, commentés, par un de ses meilleurs adeptes, par notre secrétaire de correspondance.

Ayant pour auxiliaire l'intérêt bien entendu de tous, notre réussite est assurée.

Répondons à l'injure et à la calomnie par le mépris et le silence.

Cherchons à convaincre ceux qui ne nous comprenant pas, nous traitent d'utopistes.

Ne faillissons pas à notre tâche ; nous n'en avons pas le droit.

Conservons l'impassibilité digne, puisée dans la force, dans la sincérité de nos convictions.

Pas d'entraînement, de passion, pas d'ingratitude ! L'ingratitude, chez les peuples comme chez les particuliers, est plus qu'un vice, plus qu'un crime : c'est une maladresse.

Pas d'ingratitude, citoyens ! mais aussi pas trop de reconnaissance. L'excès de ce sentiment est la perte des Républiques.

Quand un pays se jette aux pieds d'un prétendu sauveur, il peut dire adieu à sa liberté.

Honorons le citoyen qui a bien mérité de la patrie ; mais ne lui sacrifions pas, dans un moment d'enthousiasme irréfléchi, ce qui ne nous appartient pas à nous-même.

L'esclavage volontaire est le pire de tous.

Ayons toujours présentes à la pensée, ces deux dates lugubres, sources de tant maux : 18 Brumaire et 2 Décembre.

N'en préparons pas de nouvelles et ne laissons pas toucher à notre République.

Orléanistes, légitimistes, bonapartistes (si ces derniers sont assez éhontés pour oser relever la tête), suppôts du despotisme, contempteurs de la dignité humaine, ennemis nés de la science et du progrès, vos menées ne nous effraieront pas. Si jamais vous veniez à porter une main sacrilége sur la liberté qui vient de nous être rendue, nous saurions vous châtier et réduire à néant vos projets criminels.

Et nous, les soldats de l'idée, qui répudions toute violence, nous nous ferions un devoir de reprendre nos armes et de vous livrer une guerre sans pitié ni merci.

Mais de telles horreurs nous seront épargnées.

Les réactionnaires, s'il en peut encore exister, comprendront que des leçons semblables à celle qui vient de nous être infligée, ne peuvent pas rester sans fruits.

Les populations rurales et urbaines, recouvrant leur libre arbitre, sentiront l'inanité de tout régime autoritaire, et ne voudront plus remettre aux mains d'un seul, les destinées de toute une nation.

Les descendants des familles déchues, s'ils n'ont pas renié toute idée d'honnêteté et de justice, se diront que leur présence parmi nous serait une source permanente d'agitations et de désordres, et se condamneront à un exil volontaire.

Ils ne sont pas responsables des crimes de leurs ancêtres, et nous serions tout disposés à les accueillir, à les traiter en frères, s'ils n'étaient entourés d'une tourbe de courtisans, d'exploiteurs et d'ambitieux qui ont tout à gagner à la restauration de leurs races.

Quant à nous, citoyens, faisons une fois de plus, preuve de modération, de bonne foi, de bon sens.

Ne demandons à nos gouvernants que ce qu'ils peuvent nous donner : nos envahisseurs anéantis ou refoulés, qu'ils nous assurent et nous conservent la liberté de parler et d'écrire, de nous réunir et de nous associer.

Nous saurons faire le reste.

La science ne se décrète pas.

E. VAUGHAN.

Allocution du citoyen Aubry.

CITOYENS,

Le citoyen Vaughan, notre ami et collègue, vient de vous exposer très-clairement les motifs qui nous obligent à laisser la défense nationale se faire sans récriminations aucunes de notre part.

Notre tâche se résume :

1° A veiller scrupuleusement aux mouvements des administrations civiles, militaires et judiciaires, afin de nous assurer que chacune d'elles fonctionne et agit au point de vue des intérêts du plus grand nombre.

C'est notre droit et notre devoir.

2° A vous tenir, dans chaque Causerie, au courant des faiblesses dont pourraient se rendre coupables les autorités locales dans l'accomplissement de leurs actes.

De même, nous serons les premiers à les applaudir quand elles déploieront l'énergie nécessaire que réclament les circonstances dans lesquelles nous nous trouvons.

Quoique nous sachions pertinemment que les hommes, en ce moment à la tête des différentes administrations, soient loin de partager nos aspirations ; qu'ils soient peu préoccupés de notre affranchissement économique, nous nous taisons sur leurs agissements à cet égard.

Nous comprenons, avant tout, que notre devoir de patriotes doit être de laisser les chefs militaires accomplir leur œuvre de soldat.

Entraver leur marche serait un crime ; il faut, coûte que coûte, que la France et la République soient débarrassées du despotisme prussien ; aussi serons-nous sobres de toute attaque ou allusion envers les hommes qui se sont chargés d'organiser la défense.

Cependant, nous le répétons, dans l'intérêt de la patrie, nous n'hésiterons pas à dénoncer les actes qui auraient des apparences pusillanimes de nature à compromettre la défense du sol, ainsi que malheureusement nous avons eu à le faire lors de l'ouverture de nos réunions publiques.

Mais l'expérience nous ayant appris, ainsi que vous l'a dit notre ami Vaughan, que les pétitions et démarches faites par notre Fédération avaient été peu prises en considération, ce qui, dans une organisation républicaine, est contraire aux principes démocratiques ; nous nous bornerons à signaler les abus publiquement et serons totalement sobres de manifestations épistolaires collectives.

Un devoir plus impérieux nous incombe :

Depuis longtemps la question sociale occupe la première place en Europe. Ceux-là qui ont tenu le drapeau de l'affranchissement du prolétariat, alors que le despotisme césarien les persécutait, doivent continuer le mouvement, il y va du salut de la civilisation.

Quoique la pratique nous ait démontré que la partie pour laquelle nous avons combattu a été précisément celle qui soit la plus rebelle à son émancipation, nous n'en continuerons pas moins notre œuvre, parce que, ainsi que l'a écrit le plus grand philosophe de notre temps, nous savons qu'il est historique que l'ingratitude et la raillerie sont les armes de ceux que l'ignorance a rivé aux chaînes de l'exploitation.

Qui ne sait que les planteurs du sud de l'Amérique n'eurent pas de meilleurs auxiliaires que leurs esclaves, et cependant, malgré cette triste connivence ou plutôt adhésion à l'iniquité, l'esclavage fut aboli.

Les esclaves de l'antiquité agirent de même en abandonnant Spartacus.

Les serfs du moyen âge se comportèrent de la même façon, en aidant leurs seigneurs à massacrer l'armée de paysans se révoltant contre les exactions de la féodalité, et cependant la justice a triomphé : il n'y a plus ni esclaves, ni serfs !! Il en sera de même du prolétariat, cette dernière forme de l'esclavage !

Nous n'attendons ni louanges, ni récompenses personnelles, nous ne faisons qu'accomplir un devoir : préparer les voies de l'affranchissement.

Notre désir est qu'il se fasse pacifiquement ; c'est pourquoi la fédération va continuer son rôle d'initiatrice, afin que les citoyens, désireux d'obtenir les conquêtes du progrès, viennent apporter leur pierre à l'édifice nouveau et faciliter la transition en empêchant qu'elle soit violente; c'est dans cette intention que nous chercherons les moyens de remédier aux maux que la guerre nous prépare ; après la terrible lutte que soutient notre chère patrie, des désastres sans nombre nous attendent.

Désastres financiers, désastres commerciaux et désastres industriels; point d'illusions, citoyens! Comme nous vous le disions il y a quelques semaines, nous assistons à un nouveau 92, qui doit infailliblement amener une transformation économique sans précédent dans l'histoire.

De cette transformation, que nulle puissance humaine ne peut arrêter, l'affranchissement des producteurs sortira.

La dette publique, y compris celles de l'État et des Communes, montera indubitablement à un chiffre qu'il nous sera matériellement impossible de rembourser.

On peut, dès aujourd'hui, affirmer que ce chiffre ne sera pas moindre de :

QUARANTE MILLIARDS!!!

Que serait-ce si nous pouvions y joindre celle des particuliers !

Qui oserait, dans l'état où se trouve actuellement l'organisation économique de la société, dire que l'on peut liquider une pareille situation.

Vouloir l'entreprendre serait décréter la misère pour **cinquante ans**, sachant que la production annuelle de la France est de **QUATORZE MILLIARDS.**

Cela ne se peut; les peuples déjà las du lourd fardeau que l'impôt et la spéculation leur font porter depuis vingt ans, veulent une amélioration, et, pour cela faire, il faut, non pas dire aux prêteurs : Je ne vous paierai pas ; mais leur faire comprendre que la force des choses nous oblige à ne rembourser que le capital réel, représenté par *vingt* ou *trente-trois annuités*, selon l'importance du bilan et la position de la société.

Nous défions, citoyens, tout gouvernement de s'asseoir en France sans procéder par une liquidation honnête, autrement, c'est la ruine et la guerre civile en permanence.

Pour éviter une aussi terrible catastrophe, il est du devoir des citoyens qui ont étudié les questions sociales à l'ordre du jour, d'éclairer *créditeurs* et *débiteurs*, afin qu'identifiés sur la situation, l'un et l'autre s'entendent pour obtenir un concordat et reconstituer la société sur un plan lui permettant de fonctionner d'après des données positives.

C'est dans ce but que la Fédération ouvrière rouennaise convie tous les citoyens à lui venir en aide.

Sa tribune est publique.

Toutes les aspirations peuvent s'y faire entendre.

Toutes les oppositions loyales seront impartialement écoutées.

Tous les citoyens peuvent, sans crainte, demander la parole.

Plus il y aura d'orateurs, plus les questions seront certaines d'être sérieusement élucidées.

A dater de ce jour, nous nous livrerons à l'étude des vastes questions de Crédit et d'Association, qui ne peuvent être résolues sans la mise en pratique du fécond principe de solidarité, base de toute organisation sociale.

Nous nous efforcerons de démontrer les rapports intimes qui doivent exister entre le Capital et le Travail, alors que les priviléges auront cessé d'entraver la marche de l'humanité.

Nous ne cesserons de les attaquer sous toutes leurs formes et ferons voir que c'est à leurs pernicieuses influences que la justice n'a jusqu'alors existé que de nom.

Nous prouverons que la morale n'a pu triompher du vice, parce que les priviléges politiques et économiques ont tout fait pour intervertir les rôles, dans le grand combat que l'homme soutient contre les forces de la nature pour assurer son existence.

Nous ne cesserons de travailler à établir la fusion des intérêts dans la grande famille des producteurs, et ferons tous nos efforts pour bien faire comprendre que le *Socialisme* n'a point pour but de diviser les différentes classes qui coopèrent à la richesse sociale; mais bien au contraire, de les fusionner. Le Socialisme n'a de haine que pour le parasitisme qui entrave tout mouvement, ayant en vue l'équilibre des forces.

À l'exemple de la nature, le Socialisme ne fait de l'agitation qu'autant que les causes perturbatrices empêchent l'équilibre de s'établir.

Nous ferons aussi comprendre ce que l'on doit entendre, à notre époque, par Bourgeoisie, de façon à bien convaincre ceux qui se croient nos adversaires, que nous les considérons et qu'ils devraient se considérer comme nôtres.

Si nous avons le bonheur d'être compris et surtout aidés par ceux qui, comme nous, ont intérêt à voir triompher la Justice, nous aurons accompli notre tâche.

L'heure de la revendication sociale est sonnée.

La morale, le vrai, le juste, c'est-à-dire la science, exigent que tous les membres qui composent la famille humaine soient à l'abri de toutes tracasseries comme de toutes misères.

La science sociale peut, seule, nous donner les moyens de réaliser cette évolution de l'humanité.

Tel sera, citoyens, le but des Causeries que nous entreprenons.

Nous comptons sur vous et pouvez compter sur nous.

E. AUBRY,
Secrétaire de correspondance.

Nous profitons de la publication de cette brochure pour porter à la connaissance de tous les membres de l'Internationale le résultat des opérations de la section rouennaise.

E. V.   E. A

23 novembre 1870.

REDDITION DE COMPTES AUX ADHÉRENTS.

Chers Collègues,

Depuis longtemps, nous voulions présenter un résumé des opérations générales de notre Fédération, afin que chaque adhérent puisse se rendre un compte exact des dépenses faites en faveur du mouvement socialiste dans notre région.

Quoique chaque trimestre nous vous donnions un détail des opérations périodiques, nous avions émis plusieurs fois l'idée de placarder dans notre salle les tableaux vous permettant de contrôler lesdites opérations; des impressions avaient même été commandées à ce sujet; mais les persécutions continuelles que l'odieuse politique napoléonienne exerçait contre notre organisation, persécutions additionnées d'une haine inexplicable de la part des magistrats du parquet de la localité, avaient retardé la mise à exécution de ce projet.

Les désastres que la dynastie impériale a accumulés sur notre malheureux pays nous ont encore entravé dans l'accomplissement de notre pensée et rendu notre tâche beaucoup plus ardue.

Le déficit que présente chaque opération peut facilement s'expliquer:

Les poursuites dirigées contre notre feuille avec un acharnement digne des bons temps de l'inquisition ont tout à coup arrêté la vente au numéro; chacun de vous sait combien l'aristocratie industrielle persécutait les ouvriers qui s'en permettaient la lecture; pendant que son rédacteur subissait le secret dans les cellules du Mazas rouennais, beaucoup de nos amis étaient renvoyés de leurs ateliers. Ces tracasseries et ces tortures n'avaient d'autre but que de faire tomber l'organe qui dénonçait, chaque semaine, les abus du monopole.

Malgré tout nous continuions à paraître, les départements

commençaient à regarder la *Réforme sociale* comme le seul organe
qui, en France, défendait le prolétariat, et de nombreux abonnements
arrivaient, quand le Parquet, prenant en sérieuse considération les
craintes du monopole, se fit l'interprète des satisfaits du régime
économique de l'empire, et en vertu de l'arbitraire qui caractérisait
tous les agissements du fonctionnarisme césarien, nous ordonna de
verser, dans les trois jours, un cautionnement de 12,500 fr., sous
peine de nous voir supprimer.

L'interdiction du congrès que nous avions projeté de tenir à
Rouen, et qui devait avoir un grand retentissement à cause de
l'importance des mémoires qui nous avaient été adressés et des
délégués de tous les points de la France qui devaient y assister, fut
encore une cause de désastre pour notre Fédération, qui avait dé-
cidé, vu les difficultés, d'obtenir un local convenable, de louer et
de meubler une salle lui appartenant spécialement par une location
à bail.

Enfin la saisie de tous nos livres, statuts, cachets et manuscrits,
opérés chez tous les principaux membres des Comités corporatifs,
compliquée d'une nouvelle persécution des seigneurs industriels
contre tout ce qui appartenait à la Fédération, jeta la panique parmi
les tièdes, qui cessèrent de verser leurs cotisations.

Puis, la guerre, venant arrêter les transactions commerciales, fit
fermer les ateliers et nous empêcha de combler nos déficits, malgré
les sacrifices des comités corporatifs.

Le développement qu'avait pris la solidarité ouvrière effraya les
privilégiés, qui eurent comme auxiliaires dans cette honteuse guerre,
des petits industriels, qui doivent aujourd'hui s'apercevoir que leurs
intérêts ne sont pas du côté des gros bonnets de la spéculation.

La ruine des petits établissements, qui va encore s'accroître, doit
avoir fait réfléchir leurs propriétaires qu'entre la spéculation éhontée
et le travail il y a une monstrueuse différence, et que ce dernier seul
est capable de guérir toutes les blessures faites à l'industrie fran-
çaise par vingt ans de monopoles et de concessions ruineux pour
les intérêts du plus grand nombre.

Malgré tous ces déboires, la Fédération est restée debout; une
nouvelle force va lui être donnée ; les événements ont dessillé les
yeux de bien des personnes qui avaient trop écouté les conseils in-
téressés des rois de l'industrie et de la finance ; beaucoup aujour-
d'hui savent à quoi s'en tenir sur les annonces pompeuses des bräil-
lards bonapartistes, qui répétaient chaque trimestre dans leurs
feuilles officieuses, que le moral de la nation s'élevait de plus en plus
et que la prospérité allait toujours croissante.

Revenus de toutes ces duperies, les honnêtes gens qui distribuent, dirigent ou divisent la production, savent maintenant que *Socialisme* ne signifie pas pillage ; qu'au contraire, il est synonyme d'ordre, c'est-à-dire d'équilibre.

Il est maintenant trop tard, après le plébiscite, de vouloir effrayer ceux qui ne demandent qu'au travail la certitude de ne pas mourir dans un hospice. Le vrai socialisme, comme la vraie démocratie, dont il est le fils, a horreur de la caserne et de la centralisation ; il veut que partout la propriété soit le fruit du travail et que ce dernier en jouisse avec la plus grande liberté.

Chaque jour, la partie intelligente du petit commerce vient à nous ; elle commence à comprendre que ce n'est que par la solidarité qu'elle pourra échapper à l'exploitation ; elle sait que ce n'est qu'en tendant une main amie à la portion la plus avancée du prolétariat que l'affranchissement des deux peut avoir lieu.

Les événements qui vont se dérouler ne feront qu'avancer la réalisation de nos aspirations ; comme toujours nous devrons à la force des choses la solution du problème social.

En attendant ces événements, nous ferons par nos Causeries tout ce qui dépendra de nous pour préparer les esprits à éviter toute violence et à favoriser le mouvement dans le sens le plus pacifique.

Nous vous prions, chers collègues, de redoubler de zèle et d'engager nos malheureux compagnons d'infortune à ne pas se laisser abattre par les déceptions qui accablent depuis le 4 septembre notre malheureuse patrie ; nous n'avons plus que quelques mauvais jours à passer ; tout annonce la fin de nos désastres ; l'ennemi lui-même est atteint par le marasme que lui cause les attaques incessantes des braves francs-tireurs et l'organisation sérieuse de la défense. Plus que jamais, il nous faut crier : En avant ! en avant !!!

Salut fraternel.

E. AUBRY.

ASSOCIATION INTERNATIONALE

Journal la Réforme Sociale.

(26 NUMÉROS TIRÉS ENSEMBLE A 27,500 EXEMPLAIRES.)

DÉPENSES :

Expédition de copie et d'argent	85 fr. 20	
Impression, fournitures de papier comprises	1,475 » »	
Transport de Bruxelles à Rouen.	157 80	
Timbre.	516 » »	
Affranchissement.	205 58	
Feuilleton.	80 » »	
Rédaction et Administration	1,040 » »	
Registres et abonnements aux journaux .	19 50	3,009 fr. 08

RECETTES :

Numéros vendus	1,400 30	
Abonnements	531 50	
Versements de la Fédération	315 80	2,337 60

DÉFICIT 1,271 48

SOMMES DÉTOURNÉES DE LEUR DESTINATION PREMIÈRE, POUR
FACILITER LA CONTINUATION DU JOURNAL :

(Ces virements ont reçu l'approbation du Comité fédératif.)

Souscription pour la Grève du Creusot, dont le montant n'a pu être versé, à cause de la suppression de *la Marsellaise* et l'arrestation des principaux grévistes. . .	238 50	
Souscription faite pour payer les amendes du Journal	279 75	518 25

DÉFICIT RÉEL 753 23

7,012 exemplaires de la *Réforme sociale* restent encore à la Fédération.

2,800 exemplaires doivent exister au Comité elbeuvien, qui on a payé 2,200 sur 5,000 reçus.

Une grande partie des exemplaires du numéro 1er, a été servie gratuitement.

Publication du Bulletin.

(4 NUMÉROS TIRÉS ENSEMBLE A 1,845 EXEMPLAIRES.)

DÉPENSES :

Impression autographique	55	»»		
Papier	18	20		
Ecriture	36	25		
Pliage, rédaction, administration . . . :	40	»»		
Affranchissement.	5	71	155	16

RECETTES :

Vente de 1,123 exemplaires	112	30	112	30

DÉFICIT   42   86

222 exemplaires du Bulletin ont été servis gratuitement aux abonnés de la *Réforme*.

289 exemplaires ont été achetés par le Comité elbeuvien et divers qui en doivent le montant.

211 exemplaires restent encore à la Fédération.

Réunions publiques et Causeries.

DÉPENSES :

Affiches.	61	80		
Affichage	42	95		
Eclairage	223	05		
Réparation de la Salle.	27	50		
Frais de bureau et dégradations	87	75		
Voyage d'une délégation à Tours	78	»»		
Indemnité accordée à l'un des membres de la Guérilla rouennaise.	5	»»	526	05

RECETTES :

22 septembre 1870, Salle de la Fédération.	13	15		
24 — — — Baubet	77	»»		
27 — — —	99	72		
29 — — — —	48	74		
1er octobre — — —	59	76		
5 — — —	60	85		
8 — — —	46	80		
10 — — —	50	48		
15 — — —	19	77		
31 — — — de la Fédération.	20	77		
3 novembre — — — .	13	50		
5 — — — — .	7	70		
10 — — — — .	3	40	521	64

DÉFICIT   4   41

Aménagement de la Salle de la Fédération.

Dépenses :

Bois pour la construction des bancs du bureau et de la tribune.	264	57
Pointes	8	95
Main-d'œuvre	201	95
Refend, poële, bureau, cheminée.	150	» »
Outils et fournitures pour peinture de la salle.	46	30
Main-d'œuvre	112	60
Location de lampes	15	» »
Achat de dix lampes	106	» »	905	37

Recettes :

Corporation des tisseurs de calicot	150	» »
— — de bretelles . .	90	» »
— — fileurs de laine de Darrètal	100	» »
— — — de Louviers	40	» »
— — teinturiers petit teint . .	45	» »
— — charpentiers	22	50
— — imprimeurs sur étoffes . .	50	» »
— — chineurs	80	» »
— — corroyeurs	26	» »
— — chauffeurs	15	» »
— — fileurs de coton de Darnétal	40	» »
— — — de Grand-Couronne	40	» »
— — — de Payilly	25	» »
Souscriptions de divers	14	» »
— pour l'installation du gaz . .	12	» »	749	50

	Déficit	155	87

Fédération Ouvrière Rouennaise.

Dépenses :

Du 2 mai au 19 juin 1870, pour frais de correspondance, livres, impression, indemnité au secrétaire comptable	100	90
Versé au compte du Journal, pour en faci-		
A reporter	100	90

Report.....	100	90		
liter la continuation.	67	55		
Du 19 juin au 11 septembre 1870, frais de correspondance, etc.	57	80		
Versé au compte du Journal	122	» »		
Du 11 septembre au 10 novembre 1870, pour frais de correspondance, etc. . . .	93	30		
Reliquat de comptes, au 2 mai 1870 . . .	155	» »		

(Une somme de 119 fr. 25 complétant celle de 345 fr. 80, a été versée au compte du Journal, antérieurement au 2 mai.)

Dû au citoyen Arnaud.	100	50	697	05

RECETTES :

Du 2 mai au 19 juin 1870	178	45		
Du 19 juin au 11 septembre 1870	192	70		
Du 11 septembre au 10 novembre 1870 . .	82	60		
36 exemplaires de la *Révolution économique et sociale*, vendus pour le compte du citoyen Arnaud.	100	50	554	25
DÉFICIT			142	80

Récapitulation.

DÉPENSES :

Journal.	3,609	08		
Bulletin	155	16		
Réunions publiques	526	05		
Salle de la Fédération	905	37		
Fédération	697	05	5,892	71

RECETTES :

Journal.	2,855	85		
Bulletin	112	30		
Réunions publiques.	521	64		
Salle de la Fédération.	749	50		
Fédération	554	25	4,793	54
DÉFICIT GÉNÉRAL			1,099	17

Tableau des Créances.

Dû au citoyen Emile Aubry, journal, Bulletin, dépenses de la salle et correspondances	494	22
— au citoyen Jullien Pierre, avances faites.	75	»»
— — X..., avances pour achat de rapports . . .	80	»»
— — Brisemée, de Bruxelles	105	»»
— à la citoyenne Minck, — feuilleton	30	»».
— au citoyen Fritsch, secrétaire comptable.	50	»»
— — Boulanger, avances et main-d'œuvre . . .	52	»»
— — Lance, main-d'œuvre	34	80
— — Méribel, —	5	50
— — Saunier, —	6	»»
— — Baubet, éclairage de la salle	21	»»
— — Goupil, lithographe.	33	75
— — Arnaud, vente de son livre.	100	50
A l'imprimeur du Bulletin.	11	40
	1,099	17

Extrait du procès-verbal de la réunion fédérative du 13 novembre 1870.

Les soussignés, membres de la Fédération ouvrière rouennaise, déclarent donner l'approbation la plus entière à la reddition de comptes que vient de présenter le citoyen Emile Aubry, comptes déjà vérifiés et approuvés par la commission des finances.

Ils protestent, avec indignation, contre les calomnies répandues à propos de ces comptes sur le citoyen Aubry, et adressent un blâme énergique à ceux des membres de la Fédération qui ont eu la bassesse de s'en faire l'écho.

Aumont.
Bellelle.
Boulanger (Arcade).
Boulanger.
Bourgeois (Louis).
Cauboue.
Druel,
Féret (Hippolyte).
Fritsch.
Fouet.
Hallot.
Jullien (Pierre).

Leclerc.
Leteurtre.
Mondet (Constant)
Mondet (Joseph).
Mondet (Gustave).
Nunez.
Pâques.
Rigault.
Rigault fils.
Vaughan.
Vimont aîné.

Rouen, ce 13 novembre 1870.

Rouen. — Imp. E. Cagniard.

www.ingramcontent.com/pod-product-compliance
Lightning Source LLC
Chambersburg PA
CBHW060710280326
41933CB00012B/2379